Je Compte Jusqu'à Quatre.

Mon Incroyable Série Comportementale pour Les Tout-Petits

Je Ne Mords Pas !

Un Livre D'affirmations Pour Tout-Petits Sur Le Fait De Ne Pas Mordre (Âges 2-4)

Par
Suzanne T. Christian

TWORAVENS
BOOKS

Édition Broché : 9781968080792
Édition Reliée : 9781968080808
Édition Numérique : 9781968080815

Publié aux États-Unis par Two Ravens Books LLC,
254 Chapman Rd, Ste 209, Newark DE 19702

« Élargir l'esprit, libérer l'imagination, un titre à la fois. »
www.tworavensbooks.com

Bienvenue dans « Je Compte Jusqu'à Quatre, Je Ne Mords Pas ! »

Ce livre est un joyeux recueil d'affirmations simples et amusantes, conçues spécialement pour les tout-petits. En tournant ses pages colorées avec votre enfant, vous l'aiderez à découvrir qu'il existe plein de façons d'exprimer ses émotions... sans mordre !

Chaque illustration pétillante et chaque affirmation simple encouragent la maîtrise de soi, la compréhension et la gentillesse. Embarquez avec votre petit pour un voyage rempli d'apprentissage émotionnel, de pleine conscience et de moments de bonheur !

Suzanne T. Christian

Mes dents sont faites
pour rigoler,
pas pour mordre.

Je mâche mes
légumes,
pas mes copains.

Quand je suis fâchée,
je respire un grand coup.

Mordre, c'est pour
les pommes,
pas pour les bras.

Je garde mes dents
pour moi.

Mes dents croquent
du pop-corn,
pas les gens.

Je dis, « Excusez-moi ! »
au lieu de pousser ou de mordre.

Comme Bumble l'abeille,
je bourdonne...
mais je ne
mords pas.

Quand je suis contrarié,
je parle avec des mots.

Je préfère faire
des bulles plutôt
que mordre.

Ma bouche est faite pour chanter des chansons joyeuses.

Comme Foxy le renard,
je joue sans mordre.

Ma bouche,
c'est une zone,
« sans morsures ! »

Ma bouche est faite
pour faire des
grimaces rigolotes.

Je grignote des carottes, pas mes amis.

Mes dents sont là pour dire « cheese »,
pas pour faire pleurer.

Je suis gentil
et attentionné.
Je ne mords pas.

Mordre, c'est pour les bons sandwichs.

Quand je joue avec les autres, je ne mords pas.

J'utilise mes dents
pour rire aux blagues.

Je croque les frites croustillantes,
pas les doigts.

Mes dents
croquent
la pizza,
pas les gens.

Je traite les autres avec douceur.

Mordre, c'est pour les cornets de glace, pas pour les amis.

Je compte jusqu'à quatre.

Je Ne Mords Pas !

1 2 3 4

Fin !

Mon Incroyable Série Comportementale Pour
Les Tout-Petits

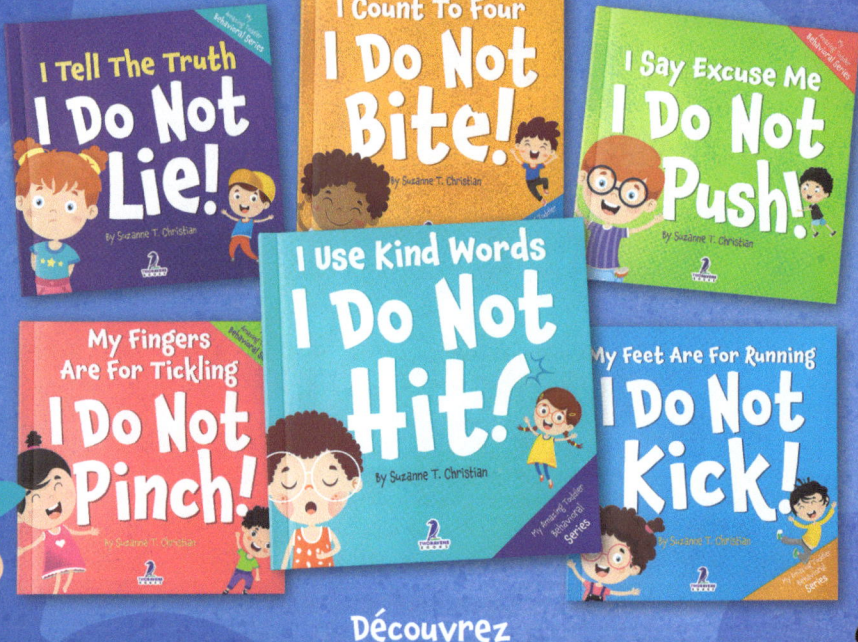

Découvrez
la série adorée de Suzanne T. Christian
« Mon Incroyable Série Comportementale Pour
Les Tout-Petits »
Les jeunes lecteurs vont l'adorer !

Cher petit lecteur merveilleux,

Merci d'avoir exploré **« Je Compte Jusqu'à Quatre. Je Ne Mords Pas ! »** avec moi. Si ce livre t'a touché ou a apporté de la joie à un petit lecteur, n'hésite pas à laisser un petit mot ou un avis. Tes paroles m'inspirent pour mes futurs livres et aident d'autres familles à découvrir la magie de ces pages.

Si tu as des idées pour rendre ce livre encore plus spécial, écris-moi à : suzanne.christian@tworavensbooks.com. Ton avis compte beaucoup pour moi !

Avec toute ma gratitude,